CATALOGUE

D'UN CHOIX

DE LIVRES

RARES ET PRÉCIEUX

COMPOSANT

LE CABINET DE M. DOUBLE

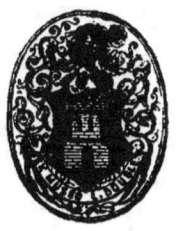

PARIS

CH. PORQUET, LIBRAIRE

1, QUAI VOLTAIRE, 1

1881.

CATALOGUE

D'UN CHOIX

DE LIVRES

RARES ET PRÉCIEUX

COMPOSANT

LE CABINET DE M. DOUBLE

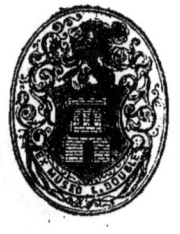

PARIS

CH. PORQUET, LIBRAIRE

1, QUAI VOLTAIRE, 1

1881.

LA VENTE AURA LIEU

Le 30 mai, à 3 heures

A L'HOTEL DOUBLE

9, RUE LOUIS-LE-GRAND

Par le ministère de M⁰ CHARLES PILLET, commissaire-priseur,
10, rue de la Grange-Batelière.

Assisté de M. CH. PORQUET, libraire, 1, quai Voltaire.

CONDITIONS DE LA VENTE

Elle sera faite au comptant. Les acquéreurs payeront cinq pour cent en sus des adjudications.

Les livres devront être collationnés sur place dans les vingt-quatre heures de l'adjudication. Passé ce délai ou une fois sortis de la salle de vente, ils ne seront repris pour aucune cause.

Le Catalogue complet comprenant les objets d'art, d'ameublement, tableaux et livres, se distribue chez MM. Pillet, commissaire-priseur, 10, rue de la Grange-Batelière, Ch. Mannhein 7, rue Saint-Georges, et Féral, Faubourg-Montmartre, 54.

Paris. — Typ. PILLET et DUMOULIN, 5, rue des Grands-Augustins.

CATALOGUE

D'UN CHOIX DE

LIVRES RARES & PRÉCIEUX

THÉOLOGIE

1. PSALMI DAVIDIS vulgata editione, calendario Hebræo, Syro, Græco, Latino, argumentis et commentariis genuinum et primarium Psalmorum sensum hebraismosque locupletius quam priore editione aperientibus a G. Genebrardo Theologo Parisiensi divinarum Hebraicarumque literarum professore regio instructi. *Parisiis P. L'Huilllier*, 1582. In-8, mar. br., ornements à froid.

> Reliure exécutée pour le roi HENRI III. Sur les plats un médaillon représentant Jésus crucifié, les saintes femmes au pied de la croix et les instruments de la passion. Sur le dos, au milieu de volutes et de rinceaux, les armes de France, la tête de mort et la devise du Roi : *Spes mea Deus*.

2. Commentaire affectif sur le Pseaume Miserere, pour servir de préparation à la mort, par le R. P. Avrillon. *Paris, veuve Pierres*, 1747. In-12, mar. rouge jans., tr. dor.

> *Aux armes de Mgr Double, évêque de Tarbes.*

3. LE PSAULTIER NOSTRE-DAME. *Imprimé nouvellement à Paris.* (A la fin) : *imprimé à Paris par la veufve Jehan Treperel et Jehan Jhannot, imprimeur et libraire, demourant en la rue Neufve-Nostre-Dame, à l'enseigne de l'escu-de-France. S. d. (vers 1510).* Pet. in-8 goth. de 20 ff., fig. sur bois, mar. vert, fil., dos orné, tr. dor. (*Trautz-Bauzonnet.*)

4. HEURES DE NOSTRE-DAME, à l'usage de Rome, selon la réformation de nostre S. Père le Pape Pie V, pour les confrères de l'Oratoire de Nostre-Dame de Vie-Saine. *A Paris, par Jamet Mettayer,* 1584. In-4, mar. br.

> Très riche reliure, exécutée pour le roi HENRI III, et ornée d'arabesques, de feuillages et de marguerites. Les angles des volumes portent des H couronnés, le dos, la tête de mort; les plats, d'un côté la présentation de Jésus-Christ au temple, de l'autre les armes de France et de Pologne, avec la double couronne.

5. GREGORII NAZANZENI theologi Orationes novem elegantissimae. Gregorii Nysseni Liber de homine. Quae omnia nunc primum emendatissima in lucem prodeunt (Graece). *Venetiis in aedibus haeredum Aldi et Andreae Asulani Soceri,* 1536. In-8, v. br., fil., comp., dos orné, tr. dor. (*Reliure du xvie siècle.*)

> Exemplaire portant sur le plat le nom de JEAN CLÉMENT, professeur de grec à Oxford, mort à Malines, en 1572.

6. EPIPHANII episcopi constantiae, Cypri, contra octoginta haereses Opus et alia Opuscula (graece cura Oporini). *Basileae, J. Hervagius,* 1544. In-fol., mar. citr., fil., compart., tr. dor., fermoirs en cuivre et cordelettes.

> Première édition. Exemplaire de HENRI II. Superbe reliure parfaitement conservée. Le dos est parsemé des chiffres de Henri II

THÉOLOGIE.

et de Diane de Poitiers, en argent. Dans un semis de fleurs de lis en or, au centre des plats, sont les armes de Henri II, entourées d'une riche bordure, dans les ornements de laquelle les chiffres et les emblêmes adoptés par le roi Henri II et Diane de Poitiers sont merveilleusement combinés. Les armes, les chiffres et les fleurs de lis sont en or sur l'un des plats, en argent sur l'autre.

7. Traité de l'Eucharistie, en forme d'entretiens, où, sans entrer dans la controverse, l'on prouve la réalité sur des véritez avouées de part et d'autre, par Brueys. *Paris, Seb. Mabre-Cramoisy*, 1686. In-12, mar. rouge, fil., dos orné, tr. dor.

Aux armes de Mgr Double, évêque de Tarbes.

8. Traicté et dispute contre les Equivoques, traduit du latin de R. P. F. Jean Barnes. *Paris, Rolin Baragnes*, 1625. In-8, mar. vert, fil.

Aux armes de Mgr Double, évêque de Tarbes.

Jean Barnes, théologien anglais, usa sa vie à combattre la doctrine des équivoques et des restrictions mentales. Affilié à l'ordre des bénédictins, il habita successivement l'Angleterre, la France, l'Espagne, l'Italie, mais ses pérégrinations ne le mirent pas à l'abri des poursuites des jésuites. Il finit par tomber sous les coups de l'inquisition, et resta, dit-on, pendant trente ans dans les cachots de la Belgique.

9 Essai sur les erreurs populaires, ou examen de plusieurs opinions reçues comme vrayes, qui sont fausses ou douteuses. Traduit de l'anglois de Th. Brown (par l'abbé Souchay). *Paris, P. Witte*, 1733. 2 vol. in-12, mar. rouge, fil. dos orné, tr. dor.

Exemplaire aux armes du roi LOUIS XV.

10. Histoire du ciel, où l'on recherche l'origine de l'idolâtrie et les méprises de la philosophie sur la formation

des corps célestes et de toute la nature. *A Paris, chez les frères Estienne,* 1757. 2 vol. in-12, mar. rouge, fil., dos orné, tr. dor.

Exemplaire aux armes de Madame Adélaïde de France, fille de Louis XV.

JURISPRUDENCE

11. ORDONNANCES ROYAULX sur le faict de la justice, et abbreviation des procès par tout le royaulme de France, faictes par le roy nostre sire, et publiées en la cour de parlement à Paris le sixiesme jour du moys de septembre l'an mil cinq cens XXXIX. *On les vend à Paris, en la grand salle du Palais, par Galiot du Pré.* in-4, v. br., dentelle.

> Sur les plats du volume la couronne royale surmontant une fleur de lis, deux dauphins, une marguerite et trois dragons.
> D'après une note placée en tête du volume, cette reliure curieuse a été exécutée pour le roi FRANÇOIS Ier.
> Le roi est représenté par la couronne royale; le dauphin, plus tard Henri II, et Charles de France, duc d'Orléans, ont pour emblêmes les deux dauphins. Enfin la marguerite fait allusion à Marguerite de France, duchesse de Savoie. Henri, Charles et Marguerite étaient les trois seuls enfants que François Ier eût encore en 1539. Les trois dragons rappellent les trois enfants que le roi avait précédemment perdus : François, dauphin de France, mort en 1536; Louise, morte enfant, en 1517, et Charlotte, morte en 1524.

SCIENCES ET ARTS

12. Les Caractères de Théophraste, avec les Caractères ou les Mœurs de ce siècle, par M. de La Bruyère. Nouvelle édition, augmentée de quelques notes, par M. Coste. *A Paris, chez Mich. Et. David*, 1750. 2 vol. in-12, front. gr., mar. vert, fil., dos orné, tr. dor. (*Derome*.)

13. Le Menagier de Paris, traité de morale et d'économie politique, composé vers 1393 par un bourgeois parisien, contenant des préceptes moraux, des instructions sur l'art de diriger une maison, des renseignemens sur la consommation du Roi, des princes et de la ville de Paris à la fin du xiv° siècle, etc. Ensemble l'Histoire de Griselidis, Melibée et Prudence, par Albertan de Brescia (1246), traduite par frère Renault de Louens, et le chemin de Povreté et de Richesse, poëme composé en 1342, par Jean Bruyant, notaire au Chatelet de Paris (publié par M. le baron J. Pichon). *A Paris, de l'imprimerie de Crapelet*, 1846. 2 vol. grand in-8, demi-rel. mar. vert, tête dor., non rogné.

14. Francisci de Verulamio. Historia naturalis et experimentalis de Ventis, de forma calidi, etc. *Lugd. Batav., apud Fr. Hegerum et Hackium*, 1638. Petit in-12, v. f., dos orné, tr. marb.

Le dos porte le chiffre de Gaston d'Orléans.

15. Le Service ordinaire et journalier de la cavalerie, dédié à Mgr le duc de Chartres, par Lecoqmadeleine. *Paris, Louis Delatour*, 1720. In-12, mar. vert, fil., dos orné.

> Aux armes du prince de TURENNE, colonel général de la cavalerie, sous Louis XV.

16. Gazette des Beaux-Arts, Courrier européen de l'art et de la curiosité. (Janvier 1865 à juin 1874.) *Paris*, 1865-1874. 17 vol. gr. in-8, fig., demi-rel., dos et coins mar. rouge, tête dor., non rogn.

17. Etching and Etchers, by. Ph. Gilbert Hamerton. *London, Macmillan and Co*, 1880. Gr. in-4, cart., non rog.

> Belle publication ornée de quarante-huit eaux-fortes.

18. ÉLÉMENTS D'ORFÈVRERIE, divisés en deux parties de cinquante feuilles chacune, et composez par Pierre Germain. *A Paris, chez l'auteur*, 1748. Deux parties en 1 vol. in-4, mar. rouge, fil. large dentelle, dos orné, tr. dor. (*Hardy-Mennil.*)

19. Livre-Journal de Lazare-Duvaux, marchand bijoutier ordinaire du Roy, 1748-1758, précédé d'une étude sur le goût et sur le commerce des objets d'art au milieu du XVIIIe siècle. *A Paris, pour la Société des Bibliophiles françois*, 1873. 2 vol. in-8, front. gravé, demi-rel., dos et coins mar. rouge, tête dor., non rog.

20. Histoire artistique, industrielle et commerciale de la Porcelaine, accompagnée de recherches sur les sujets et emblèmes qui la décorent, les marques et inscriptions qui font reconnaître les fabriques d'où elle sort, etc., par

BELLES-LETTRES. 9

Alb. Jacquemart et Edmond Leblant. *Paris, J. Teche-ner*, 1862. In fol., vingt-six planches, mar. rouge, jans., tr. dor. (*Duru et Chambolle.*)

21. LES RUSES DU BRACONAGE mises à découvert, ou Mémoires et Instructions sur la chasse et le braconage, par Labruyerre, garde de S. A. S. Mgr le comte de Clermont *A Paris, chez Lottin*, 1771. In-12, mar. rouge, fil., dos fleurdelisé, tr. dor.

Exemplaire de dédicace aux armes de BOURBON CONDÉ, COMTE DE CLERMONT, provenant des bibliothèques de CH. NODIER et de YÉMENIZ.

BELLES-LETTRES

22. INTRODUCTION à la langue Grecque, à l'usage des Collèges. *A La Rochelle, et se vend à Paris chez Thiboust*, 1751. in-12, mar. rouge, fil., dos fleurdelisé, tr. dor.

Aux armes de LOUIS, DAUPHIN, père de Louis XVI.

23. LEÇONS DE GRAMMAIRE, suivant la méthode des tableaux analytique synthétique et de celui du méchanisme de la grammaire françoise, destinés à apprendre les Principes de cette langue, par le moyen d'un jeu, dédiées à Monseigneur le Dauphin, par M. l'abbé Gaultier. *Paris, l'auteur*, 1787. In-8, mar. rouge, fil., dos orné, tr. dor.

Exemplaire de dédicace aux armes du DAUPHIN, FILS DE LOUIS XVI.

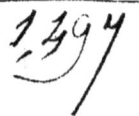

24. REMARQUES NOUVELLES sur la Langue françoise (par le P. Bouhours). *Paris, George et Louis Josse*, 1692. In-12, mar. citr., fil., dos orné, tr. dor.

> Aux armes de MADAME SOPHIE DE FRANCE, fille de Louis XV.

25. JUVENALIS satirarum Libri V. Nova editio cura Nicolai Rigaltii. *Lutetiae, ex officina Rob. Setphani*, 1616. Auli Persii Satirae. *Lutetiae, ex Typographia Rob. Stephani*, 1614. Deux parties en 1 vol. in-12, mar. rouge, fil., dos orné, dorure à petits fers sur les plats, tr. dor.

> Exemplaire de dédicace à JAC. AUG. DE THOU, aux armes de ce célèbre amateur.

26. La Prénostication de maistre Albert Songecreux Bisscain. In-4 de 4 ff., fig. sur bois. (Réimpression en facsimile, exécutée par le procédé de M. Pilinski.) On y a joint : Notice sur la Prénostication de maistre Albert Songecreux, par M. Paul Lacroix. *Paris, imprimerie Martinet*, 1861. Ensemble, deux parties en 1 vol. in-4, mar. citr. jans., tr. dor. (*Trautz-Bauzonnet*.)

> Un des quatre exemplaires tirés sur papier ancien. L'exemplaire unique, qui appartenait alors à M. Double, a été acquis en 1863 par S. A. R. Mgr le duc d'Aumale.

27. LE TOMBEAU DE MARGUERITE DE VALOIS, royne de Navarre, faict premièrement en disticques latins, par les trois sœurs (Anne, Marguerite et Jeanne de Seymour), princesses en Angleterre, depuis traduict en grec, italien et Francoys, par plusieurs des excellentz poètes de la France ; avec plusieurs odes, hymnes, cantiques, épitaphes, sur le mesme subject (publié par Nic. Denisot, dit le comte d'Alsinois). *A Paris, de l'imprimerie de Mi-*

BELLES-LETTRES.

chel Féxandat, 1551. Pet. in-8, portrait de Marguerite, gravé sur bois, mar. citr., milieu en mosaïque de mar. bleu, dos orné, tr. dor (*Trautz-Bauzonnet.*)

Haut., 163 millim.

28. LES POÉSIES DE MALHERBE, avec les observations de Ménage. Seconde édition. *A Paris, chez Claude Barbin*, 1689. In-12, mar. rouge, fil., dos orné, tr. dor. (*Padeloup.*)

Bel exemplaire aux armes du COMTE D'HOYM.

29. Œuvres de Malherbe, recueillies et annotées par M. L. Lalanne. Nouvelle édition revue sur les autographes, les copies les plus authentiques et les plus anciennes impressions, augmentée de notices, de variantes, de notes, etc. *Paris, L. Hachette et C*°, 1862-1869. 5 vol. in-8, et album dem.-rel., dos et coins, mar. vert, tête dor., n. rogn. (*Closs.*)

Exemplaire en grand papier vélin.

30. ŒUVRES DE NICOLAS BOILEAU-DESPRÉAUX, avec des éclaircissemens historiques donnés par lui-même (publ. par Brossette). *La Haye, Isaac Vaillant*, 1722. 4 vol. in-12, fig., vignettes et culs de lampe, de Bernard Picart, v. jaspé, tr. marb.

Aux armes de la reine MARIE-ANTOINETTE.

31. FABLES CHOISIES, mises en vers par M. de La Fontaine. *A Paris, chez Denys Thierry*, 1668. In-4, fig. de Chauveau, mar. rouge, fil., dos orné, tr. dor. (*Trautz-Bauzonnet.*)

Exemplaire de la première édition, auquel on a ajouté le portrait de La Fontaine, gravé par Ficquet, d'après H. Rigaud. Épreuve dite *au ruisseau blanc*.

32. Fables de La Fontaine. Édition imprimée par ordre du Roi, pour l'éducation de M. le Dauphin. *Paris, imprimerie de Didot, l'aîné*, 1789. 2 vol. in-8, pap. vel., v. m., tr. dor.

Aux armes de Mgr Double, évêque de Tarbes.

33. LES BAISERS, précédés du mois de mai, poème (par Dorat). *A La Haye, et se trouve à Paris, chez Lambert et Delalain*, 1770. In-8, pap. de Holl., titre, figures, 23 vignettes et 22 culs-de-lampe, gravés d'après Eisen, par de Longueil, Masquelier, de Launay, Ponce, etc., mar. vert, fil., large dentelle, dos orné, tr. dor.

Exemplaire aux armes de la reine MARIE-ANTOINETTE.

34. Anthologie françoise ou Chansons choisies depuis le xiiie siècle jusqu'à présent (par Jean Monnet); précédée d'un Mémoire historique sur la chanson, par Meunier de Querlon. *S. l. (Paris), Barbou*, 1765. 3 vol. in-8, mar. vert, fil., dos orné, tr. dor. (*Rel. anc.*)

Portrait de Gravelot, gravé par Saint-Aubin, d'après Cochin, et trois frontispices gravés par Lemire, d'après Gravelot.

Exemplaire ayant appartenu à Mme JUSTINE FAVART, dont le nom se trouve au bas des volumes.

35. Œuvres anciennes de P. J. de Béranger, 1815-1833. Nouvelle édition revue par l'auteur, avec les dix chansons publiées en 1847. *Paris, Perrotin*, 1860. 2 vol. in-8. Dernières Chansons de P. J. de Béranger, de 1834 à 1851, avec une lettre et une préface de l'auteur. *Paris, Perrotin*, 1857. In-8. Ma Biographie, œuvre posthume de P. J. de Béranger, avec un appendice et un grand nombre de notes inédites de Béranger sur ses chansons.

BELLES-LETTRES.

Paris, Perrotin, 1858. In-8. Ensemble, 4 vol. in-8, mar. rouge jans., tr. dor. (*Hardy*.)

Cet exemplaire contient :

1° La suite des figures de l'édition publiée en 1847, tirée sur PAPIER DE CHINE ET AVANT LA LETTRE.

2° La suite des cent quatre vignettes en forme de médaillon, gravées au burin sur les dessins d'Alfred et Tony Johannot, Charlet, Grenier, Grandville, etc., publiée en 1829 par Jules Boquet et Perrotin. Épreuves sur PAPIER DE CHINE ET AVANT LA LETTRE.

3° La suite des cent vingt figures sur bois, dessinées par Grandville et Raffet, publiées par Fournier en 1836. Épreuves sur PAPIER DE CHINE VOLANT.

4° La suite des vingt-quatre gravures publiées en 1860 pour les œuvres posthumes. ÉPREUVES SUR CHINE, ET AVANT LA LETTRE.

5° Sept pièces, ÉPREUVES D'ARTISTE, AVANT TOUTE LETTRE, et signées des noms suivants :

CHARLET. — Roger Bontemps, le Vieux ménérier et la Marquise de Pretintaille.

GRENIER. — Les Contrebandiers.

H. VERNET. — Le Dieu des bonnes gens.

DEVERIA. — Le Pigeon messager.

CAMILLE ROQUEPLAN. — La Déesse.

6° Deux lettres autographes de Béranger à Perrotin, son éditeur.

36. MAISTRE PIERRE PATHELIN. (Avec le Testament Pathelin à quatre personnages.) *Paris, Guill Nyverd. S. d. (vers* 1525.) Deux parties en 1 vol. pet. in-8 goth., à 28 et 29 lignes à la page, fig. sur bois, mar. bl., doublé de mar. rouge., dent., tr. dor. (*Bauzonnet*.)

Bon exemplaire d'une édition fort rare. Le dernier feuillet porte la marque de Guillaume Nyverd.

Exemplaire de M. Ch.-J. Brunet. (N° 393.)

37. Œuvres de P. Corneille. Nouvelle édition, revue sur les plus anciennes impressions et les autographes, et augmentée de morceaux inédits, des variantes, de notices, de notes, etc., par M. Ch. Marty-Laveaux. *Paris, L. Ha-*

chette et C*, 1862. 12 vol. in-8, et album demi-rel., dos et coins mar. bl., tête dor., n. rogn. (*Closs.*)

Exemplaire en grand papier vélin.

38. LES ŒUVRES DE MONSIEUR MOLIÈRE. A Paris, chez Thomas Jolly, 1666. 2 vol. in-12, deux frontispices gravés par Chauveau, mar. rouge, fil., dos orné, plats à la Duseuil, tr. dor. (*Trautz-Bauzonnet.*)

Édition fort rare, la première du théâtre de Molière, avec une pagination suivie. Elle contient : *l'Étourdi, le Dépit amoureux, les Précieuses, Sganarelle, l'École des Maris, les Fâcheux, l'École des Femmes, la Critique de l'École des Femmes, et les Plaisirs de l'Ile enchantée.*

Les frontispices gravés représentent, le premier : le buste de Molière, près duquel sont accoudés Mascarille et Sganarelle ; le second, Molière et sa femme, couronnés par Thalie.

39. LES ŒUVRES DE MONSIEUR DE MOLIÈRE Paris, Denys Thierry et Claude Barbin, 1674-1675. 7 vol. in-12, mar. rouge, fil., dos orné, tr. dor. (*Rel. anc.*)

Édition rare publiée presque immédiatement après la mort de Molière, et en vue de laquelle il avait lui-même revu ses œuvres. Toutes les pièces publiées du vivant du poète sont ici réunies pour la première fois en corps d'ouvrage et avec une pagination suivie. Le septième volume, portant la date de 1675, contient *l'Ombre de Molière* (par Brécourt), et *le Malade imaginaire*.

Cette dernière pièce n'avait pas encore été imprimée à Paris.

40. LE MISANTROPE, comédie par J.-B.-P. de Molière. A Paris, chez Jean Ribou, 1667. In-12 de 12 fl. lim. et 84 pp., front gravé, mar. rouge jans., tr. dor. (*Capé.*)

Édition originale, qui contient la *Lettre sur le Misanthrope*, par Donneau de Visé. Bel exemplaire. Haut., 148 millim.

41. LES FEMMES SÇAVANTES, comédie par J.-B.-P. Molière. A Paris, chez Pierre Promé, 1673. In-12 de

BELLES-LETTRES. 15

2 ff. lim. et 92 pp., mar. rouge jaus., tr. dor. (*Trautz-Bauzonnet.*)

Édition originale. Haut., 147 millim.

42. LE CURIEUX IMPERTINENT, comédie en vers par Nér. Destouches. *Paris, P. Ribou*, 1711. — Le Jaloux désabusé, comédie en vers par M. de Campistron, 1710. — Les Nobles de Province, comédie en vers par M. de Haute-Roche. *Lyon, Th. Amaulry*, 1678. — Le feint Polonois ou la veuve impertinente, comédie en prose, par M. de Haute-Roche. *Lyon, Léon Plaignard*, 1686. — L'Épreuve réciproque, comédie par M. R. Alain, *Paris, Jacq. Le Febvre*, 1711. Ensemble, cinq pièces en 1 vol. in-12, mar. vert, tr. dor.

Aux armes de Madame la comtesse DE VERRUE.

43. Œuvres de J. Racine. Nouvelle édition, revue sur les plus anciennes impressions et les autographes, et augmentée de variantes, de notices, de notes, etc., par M. Paul Mesnard. *Paris, L. Hachette et C*, 1865-1873. 8 vol. in-8, musique et album demi-rel., dos et coins, mar. r., tête dor., n.rogn. (*Closs.*)

Exemplaire en grand papier vélin.

44. HISTOIRES OU CONTES DU TEMPS PASSÉ, avec des moralitez (par Ch. Perrault). *A Paris, chez Claude Barbin*, 1697. Petit in-12, mar. rouge, fil., dos orné, plats à la Du Seuil, tr dor. (*Trautz-Bauzonnet.*)

Première et fort rare édition de ces contes. Elle se compose d'un frontispice gravé, 4 ff. pour le titre et une épître à Mademoiselle, 230 pp. (y compris la *Table*), 2 ff. pour le *Privilège* et les *Fautes à corriger*. Le f. d'errata manque à la plupart des exemplaires connus.

45. SUITE DES MÉMOIRES et Aventures d'un homme de qualité qui s'est retiré du monde (par l'abbé Prévost). *Amsterdam, aux dépens de la Compagnie*, 1733. Deux parties en 1 vol. in-12, mar. bl., fil. doublé de mar. citr., dentelle, dos orné, tr. dor. (*Trautz-Bauzonnet.*)

Première édition séparée de Manon Lescaut.

46. HISTOIRE DE MANON LESCAUT et du chevalier des Grieux, par l'abbé Prevost. Edition imprimée par ordre de Mgr le comte d'Artois. *Paris, de l'imprimerie de Didot l'aîné*, 1781. 2 vol. pet. in-12, portrait gravé par Ficquet, mar. citr., dos orné, milieu à petits fers, tr. dor (*Trautz-Bauzonnet.*)

Exemplaire sur papier fin, auquel on a ajouté la suite des figures dessinées par Lefèvre. Épreuves AVANT ET AVEC LA LETTRE et les EAUX-FORTES.

47. LES FACECIEUSES NUITS DE STRAPAROLE, contenant plusieurs beaux contes et enigmes racontez par dix damoiselles et quelques gentilhommes, traduites d'italien en françois, par J. Louveau et Pierre de Larivey, champenois. *Amsterdam, J. Fred. Bernard*, 1725, 3 vol. in-12., v. gr., fil., tr. dor.

Exemplaire aux armes de la reine MARIE-ANTOINETTE.

48. LE NOUVEAU GULLIVER, ou Voyage de Jean Gulliver, fils du capitaine Gulliver, traduit d'un manuscrit anglois par M. l'abbé de L. D. F. (composé par l'abbé Guyot Desfontaines.) *Paris, veuve Clouzier*, 1730. 2 vol. in-12, mar. rouge, fil., dent fleurdelisée sur les plats, dos orné, tr. dor.

Exemplaire aux armes du roi LOUIS XV.

BELLES-LETTRES.

49. Lettres de Madame de Sévigné, de sa famille et de ses amies, recueillies et annotées par M. Monmerqué. Nouvelle édition, revue sur les autographes, les copies les plus authentiques et les plus anciennes impressions, augmentée de lettres inédites, etc. *Paris, L. Hachette et C°.*, 1862-1866, 14 vol. in-8, et album demi-rel., dos et coins mar. r., tête dor., non rogné.

Exemplaire en grand papier vélin.

50. LETTRES DE MADAME LA PRINCESSE DE G*** (Gonzague), écrites à ses amis pendant le cours de ses voyages d'Italie, en 1779 et années suivantes. *A Paris, chez Duplain*, 1790. Deux parties en 1 vol in-12, mar. rouge, fil., dos orné, tr. dor.

Exemplaire aux armes de la reine MARIE-ANTOINETTE.

51. M. TULLII CICERONIS OPERA OMNIA quae extant a Dionys. Lambino monstroliensi ex codicibus manuscriptis emendata. *S. l. (Genevae), apud Petrum Santandreanum*, 1577. 4 tomes en 2 vol. in-fol., mar. br., fil., tr. dor. (Rel. du XVIᵉ siècle.)

Exemplaire ayant appartenu à MARGUERITE DE FRANCE, reine de Navarre. Très curieuse reliure. Les plats des volumes portent, d'un côté, un double médaillon représentant le portrait de la reine, entouré d'un semis de marguerites, son emblème favori, et, sur l'autre côté, les chaînes de Navarre dorées sur fond de gueules.

HISTOIRE

52. Cours des principaux fleuves et rivières de l'Europe, composé et imprimé par Louis XV, Roy de France et de Navarre, en 1718. *A Paris, de l'imprimerie du cabinet de S. M., dirigée par J. Collombat*, 1718. In-4, mar. rouge dentelle, dos orné, tr. dor.

>Ce volume est précédé d'un portrait de Louis XV, à l'âge de 8 ans, gravé par Audran.
>**EXEMPLAIRE AUX ARMES DU ROI.**

53. Le premier (second et tiers) Volume des Grans Croniques de France, nouvellement imprimées à Paris, avecques plusieurs incidences survenues durant les règnes des tres chrestiens roys de France, tant es royaulmes d'Ytallie, d'Almaigne, d'Angleterre, d'Espaigne, Hongrie..... et autres lieux circonvoisins. Avecques la Cronique frere Robert Gaguin, contenue à la Cronique Martinienne. *Cy finist le tiers et dernier Volume des Grans Croniques de France, imprimées à Paris l'an mil cinq cens et quatorze pour Guillaume Eustace, demourant en la dicte ville, en la Rue Neufve Nostre-Dame.* 3 vol. in fol., car. goth., mar. bl., dos et plats fleurdelisés, tr. dor. (*Capé*).

54. Récueil de neuf Pièces en vers et une en prose, imprimées à Paris, de 1559 à 1600. In-4, mar. vert.

>AUX ARMES DE J.-A. DE THOU.
>Recueil précieux provenant des ventes Soleinne et Brunet. En voici le contenu :
>1° Remonstrance au peuple françoys de son devoir en ce temps

envers la majesté du Roy, à laquelle sont adjoustez troys Eloges de la paix, de la trefve et de la guerre (par Guillaume des Autelz). *Paris, André Wechel*, 1559, 14 ff.

2° LE CORONEMENT de messire François Pétrarque... faict à Rome; envoyé, par messire Sennucce del Bene, au magnifique Can della Scala, seigneur de Verone, nouvellement traduit de toscan en françois (publié par J. Baptiste de Barlemont, en prose). *Paris, Gabriel Buon*, 1565, 9 ff.

3° PROEME sur l'histoire des François et hommes vertueux de la maison de Medicis, à la royne de France, mère du Roy (par Jacques Grevin, avec une dédicace par Rob. Estienne). *Paris Robert Estienne*, 1567, 8 ff.

4° HYMNE de la monarchie à G. du Faur, seigneur de Ribrac, par R. Garnier, Fertenoys. *Paris, Gabriel Buon*, 1567, 12 ff.

5° REGRET sur les misères advenues à la France par les guerres civiles, avec deux prières à Dieu, par H. H. (Hierome Hennequin), Parisien. *Paris, Denis du Pré*, 1569, 12 ff.

6° ÉPITHALAME, ou Chant nuptial sur le mariage de très illustres prince et princesse Henri de Lorraine, duc de Guyse, et Catarine de Clèves, contesse d'Eu, par Jean Dorat (en français et en latin). *Paris, près S. Victor, à l'enseigne de la Fontaine*, 1570, 8 ff.

7° NOVEM CANTICA de pace ad Carolum nonum, Galliae regem, Joanne Aurato auctore. — Neuf Cantiques ou sonetz de la paix à Charles neufiesme, roy de France, par Jean Dorat. *Lutetiae*, 1570, 12 ff. avec une planche en bois.

8° Poème sans titre (*le Plaisir de la vie rustique*), composé en 1573 par Guy du Faur de Pibrac (en tête un sonnet à P. de Ronsard), 11 ff. et 1 f. blanc.

9° STANCES sur la venue du Roy Henri IV, s. d., vers 1594, 3 ff. et 1 f. blanc.

10° SUR LES NOPCES du Roy et de la Reyne, pris du latin de M. Passerat, par M. J. D., advocat en la cour (1600), 2 ff.

Dans la pièce décrite sous le n° 8, le texte du poème de Pibrac est plus complet que celui qui a été imprimé à la suite des quatrains du même auteur. M. Viollet-le-Duc, en parlant de la nôtre qu'il possédait aussi, dit, à la page 254 de son catalogue : « Ce poème en son entier, tel qu'il est dans mon exemplaire, est de la plus grande rareté. Je crois qu'il a été imprimé pour les amis de l'auteur, et qu'il n'a pas été mis dans le commerce. »

HISTOIRE.

55. Recueil de trois pièces en 1 vol. in-8, vel. bl., fil., tr. dor.

AUX ARMES DE J.-A. DE THOU.
Voici le contenu de ce recueil :
1º Viri pietate ac virtute clarissimi dialogus de pace, 1579.
2º Exhortation amiable, conseil salutaire pour le Païs-Bas, en 1579.
3º Discours sur la permission de Liberté de religion, dicte *Religion-Vrede*, au Païs-Bas, 1579.

56. SACRE ET COURONNEMENT DE LOUIS XVI, roi de France et de Navarre, à Rheims, le 11 juin 1775, précédé de Recherches sur le sacre des rois de France, depuis Clovis jusqu'à Louis XV, et suivi d'un journal historique de ce qui s'est passé à cette auguste cérémonie; enrichi d'un très grand nombre de figures en taille-douce, vignettes et fleurons, par le sieur Patas, avec leurs explications. *A Paris, chez Vente*, 1775. In-4, mar. rouge, large dentelle, chiffre du roi, aux angles des plats et sur le dos du volume, tr. dor.
Superbe exemplaire aux armes du roi LOUIS XVI et de la reine MARIE-ANTOINETTE.

57. Manuel du libraire et de l'amateur de livres, contenant un nouveau dictionnaire bibliographique, etc. Cinquième édition originale, entièrement refondue et augmentée, par l'auteur Jac. Ch. Brunet. *Paris, F. Didot*, 1860-65, 6 tom. en 12 vol. gr. in-8, mar. bl. jans, tr. dor. (*Closs.*)
Exemplaire en grand papier de Hollande. Nº 22 sur 100 exemplaires.

58. Manuel du libraire et de l'amateur de livres. Supplément contenant : 1º un complément du Dictionnaire

HISTOIRE. 21

bibliographique de M. J. Ch. Brunet; 2° la Table alphabétique des articles décrits au précédent supplément, par M. M. P. Deschamps et G. Brunet. *Paris, F. Didot et C°*, 1878-1880, 2 vol. gr. in-8, mar. bl. jans., tr. dor.

Exemplaire en grand papier de Hollande.

59. Dictionnaire de géographie ancienne et moderne, à l'usage du libraire et de l'amateur de livres, par un bibliophile (P. Deschamps). *Paris, F. Didot frères*, 1870, gr. in-8, mar. bl., jans., tr. dor.

Exemplaire en grand papier de Hollande.

www.ingramcontent.com/pod-product-compliance
Lightning Source LLC
Chambersburg PA
CBHW050040230526
45470CB00003B/1375